Liebe lieber dich

Liebe lieber dich

Von Alina Strehlow

Herstellung und Verlag:
BoD – Books on Demand,
Norderstedt
ISBN: 9783754320808

© 2021 Alina Strehlow

Hallo

Schön, dass du da bist!
Das ist tatsächlich **mein** Buch.
Wenn ich darüber gesprochen habe, dass ich irgendwann Mal ein
Buch veröffentlichen möchte, dann habe ich an einen Roman oder so etwas gedacht, aber nicht
an diese Art Buch...

Was ist es
eigentlich für ein Buch?

Eine Biografie?

Ein "Erzähl Mal" Buch?

Ich diesem Buch geht es, so egoistisch das klingt, um mich.
Vielleicht findet sich der ein oder

andere in einem Kapitel wieder
und kann von mir lernen. Und
wenn nicht, dann eben nicht.

Ihr könnt euch gerne auf die Suche
von Rechtsschreibfehlern machen.
Da sind bestimmt welche, aber ich
bin nicht perfekt. Warum sollte mein Buch es sein?
Das Buch wird eine holprige Fahrt
aus Emotionen und komischen Gedankengängen, die ich mitten
im Schreibprozess hatte und aufschreiben **musste**!
Außerdem kann es ganz schön verwirrend sein... so wie meine Gedanken manchmal auch...
**Viel Spaß darüber zu Lesen, wie ich
quasi alles offen lege.**

*Namen von Personen mit denen ich nicht mehr in Kontakt stehe, wurden geändert

Danke an jeden einzelnen da draußen. Danke an meine Familie,
von der ich weiß, dass sie mich weiterhin bedingungslos liebt.
Und auch danke an jeden blöden
Menschen der mein Leben um eine Erfahrung bereichert hat.

Liebe lieber dich

Mit fast 21 habe ich endlich einen überwiegend freien Kopf und kann klar denken. Warum? Das erzähle ich euch gerne. Ich könnte das sicherlich in einem Satz zusammenfassen: „Ich habe endlich mal auf mich und meinen Körper gehört." Fertig. Aber schon ein bisschen langweilig, oder? Mein Kopf hat begonnen zu platzen, als ich Anfang 2020 jemanden kennengelernt habe und ich fand ihn unglaublich großartig. Er ist alles was ich jemals wollte. Nachdem mein Ex Freund mir die unschönen Seiten einer Beziehung gezeigt hat, hat er mir **ohne**, dass wir jemals ansatzweise in einer Beziehung waren das Gefühl gegeben, dass egal was ich sage, schreibe oder tue nicht von ihm beurteilt wird. Wir haben uns nur einmal gesehen, aber ich bin ganz ehrlich ich habe mich wohler gefühlt als in dieser besagten Beziehung. Die Wochen danach waren sehr schwer, ich wollte ihn gerne nochmal sehen, auf der anderen Seite hätte es nicht funktioniert. Denn zwischen uns liegen über 600 Kilometer und nicht nur das war ein Problem. Zwischendrin habe ich festgestellt, dass ich ihn nicht nur wegen seiner Persönlichkeit mag, sondern weil er all das nicht ist, was mein Ex- Freund ist. Viel zu oft steht er mir im Weg. Ich denke ständig daran nicht zu viel zu trinken, weil ich nicht so sein möchte wie er. Ich möchte keine Wutausbrüche bekommen, weil sich mein

Partner sehr gut mit seiner Familie versteht. Ich habe Angst unter Alkoholeinfluss handgreiflich zu werden, weil er mal so reagiert hat. Ich habe Angst Eifersüchtig zu sein. Also bin ich es nicht. Verrückt, dass ich darüber überhaupt nachdenke, aber so war er und ich habe Angst davor auch so zu sein. All diese Ängste haben in meinem Kopf herum gespuckt und viel zu häufig tun sie es noch. Ich wünscht er wäre der einzige Auslöser für dieses Buch.

Ich freue mich, wenn ihr mich in diesem Buch begleitet und mit mir eine Reise mit Höhen und Tiefen macht. Meine Gedanken kämpfen mit mir und mit jedem einzelnen Satz, den ich hier verfasse, bin ich mir sicher, dass es mir egal ist, was die

Personen über die ich schreibe denken, falls sie es lesen und gleichzeitig möchte ich alles wieder löschen und keine Aufmerksamkeit auf mich ziehen, weil ich zu große Angst davor habe darauf angesprochen zu werden, weil so viele Menschen nichts über mich wissen. Das schließt meine Familie mit ein.
Aber was bringt mir diese Angst?
Natürlich ist es gut, wenn man Angst hat und man sollte sie haben, aber ab und zu sollte man sie einfach an die Hand nehmen und ihr zeigen, was man verpassen würde, wenn man mit ihr gemeinsam wieder Schritte zurück machen würde. Durch Ängste und Herausforderungen wachsen wir und mit dem Schritt ein Buch zu schreiben und es zu

veröffentlichen, wächst meine Angst **und** mein Mut, mein Selbstbewusstsein und meine Stärke, denn wer mich kennt weiß auch, dass wenn ich etwas möchte, dann mache ich es auch. Sonst wäre ich nicht allein zu einem Tattoo Studio gegangen und hätte mir innerhalb von drei Tagen ein Motiv überlegt und es mir stechen lassen. Manchmal muss man einfach machen. Ich mache mir oft viel zu viele Gedanken. Das kann schlau sein, aber es kann mir auch viele Chancen vermasseln. Ich hätte keine kleine hübsche Bayrische Stadt kennengelernt, wenn ich meine Angst nicht in den Rucksack gepackt hätte und sie mit auf die Reise genommen hätte, um ihr zu zeigen, was wir verpasst hätten. Und ich würde auch nicht in meiner Wohnung sitzen, wenn ich meinen Vermieter nicht noch am selben Tag zurückgerufen hätte, obwohl ich Telefonieren absolut nicht leiden kann. Aber ich werde besser darin, weil ich nicht aufgebe, wenn sich die Angst vor mir aufbaut.

Und diese Angst nehme ich auch jetzt an die Hand. Dabei fällt mir ein, dass ich noch die Namen in meinem Buch ändern muss. Zumindest einige.

Hallo, ich bin's

Im Juli 2020 habe ich mich dazu entschieden das ich mich mehr kennenlernen möchte, mich wohlfühlen und meine Handysucht ablegen möchte, denn nachdem sich meine Welt ein paar Monate um jemanden gedreht hat, den ich nur übers Handy erreichen konnte, hat es mir persönlich … gereicht.
Ich habe angefangen jeden Tag Sport zu machen und die Pfunde sind gepurzelt! Dazu muss ich verraten, dass ich davor auch schon Sport gemacht habe, weil ich bis ich 18 Jahre alt war, ständig gehänselt wurde und tatsächlich nicht nur für mein Körpergewicht, sondern auch wegen meiner Persönlichkeit. Angefangen im Juni 2019 und

seither stolze 25 Kilo leichter. Trotzdem purzeln die Pfunde weiter. Jedenfalls arbeite ich noch dran, aber ich bin mehr als Stolz und noch lange nicht am Ziel. Ich habe mich akzeptiert, aber ich arbeite noch an Einzelheiten. Sich wohlzufühlen hat aber nicht immer etwas mit dem Gewicht zu tun. Einige Gedanken bzw. Denkweisen von mir sind mir mittlerweile echt unangenehm.

• Wieso muss ich denn immer versuchen dem Ideal zu entsprechen?

• Warum muss ich ähnliche Kleidung haben wie Frauen nur um anderen zu gefallen?

• Weshalb ist es mir so wichtig 20 Jahre alt

auszusehen?

• Wer hat eigentlich gesagt, man muss sich auf eine bestimmte Weise kleiden, um nach einem gewissen Alter auszusehen? Und woher habe ich das?

Je mehr ich gemerkt habe, dass ich so denke und handle, desto mehr wollte ich das nicht mehr. Ich bitte euch: Zieht das an, was ihr wollt und kauft keine Kleidung nur weil Leni Klum sie trägt. Schwachsinn.

Ach und Apropos mich kennenlernen. Wusstet ihr das ich gut zeichnen kann? Ich auch nicht!! (kurze Anmerkung von meinem Zukunfts - Ich... nur wenn ich mich anstrenge und konzentriere. Sonst sieht es aus, wie von einem drei jährigen Kind)

Falls ich kurz anmerken darf, dass es in diesem Augenblick schneit und schon einiges an Schnee von den Vortagen liegt und die Schneefahrzeuge super überfordert sind und hier lang rasen, als könnten wir in den drei Zentimetern versinken.

Jedenfalls habe ich nur in der Zeit von Juli 2020 bis jetzt so viele Dinge über mich erfahren und es interessiert mich einen Keks, ob Lisa aus der dritten Klasse findet ich hätte zu viel Hüfte. Oder Susanne aus der Kita in der ich mein Freiwilliges soziales Jahr gemacht habe findet dass mein Ego zu groß ist (ich frage mich immer noch, woher sie das hat). Es interessiert mich nicht mehr. Es gibt so viele Menschen auf dieser Erde und nicht mal die Hälfte weiß das ich existiere. Also wieso muss mein Instagram Beitrag das perfekte Licht oder die Perfekte Beschreibung haben. Wenn es mir gefällt, dann ist mir der Rest echt egal. Ich habe ein Tik Tok hochgeladen mit einem Sound von dem ich dachte das ich wüsste wie er verläuft und meine Reaktion darauf, dass ich Falsch lag ist der absolute Hammer gewesen und obwohl ich fand, dass ich ein Doppelkinn habe musste ich es hochladen, weil ich mich kaputt gelacht habe und ich wollte das andere mit mir lachen. Mittlerweile habe ich gelernt, dass nicht alles perfekt sein muss und dass es ok ist Makel zu sehen, sie zu akzeptieren und sie der Welt zu zeigen.

Im Juli 2020 habe ich ein Mädchen kennengelernt, welches mir erzählt hat, dass sie es nicht leiden kann ihre Beine zu rasieren und es deshalb auch nicht tut. Mittlerweile finde ich es super, aber in den ersten Wochen habe ich immer wieder darüber nachgedacht und mich gefragt, wieso sie sich nicht rasiert, wieso sie es nicht leiden kann, ist mir klar… die wachsen schließlich wie Unkraut, so wie an anderen Stellen auch. Ich habe mich gefragt, was andere Leute davon denken würden, wenn ich meine Beine nicht rasieren würde und da haben wir es wieder… die anderen…. Egal! Gib einen Pups drauf. Es sind deine Beine, deine

Achseln, DEIN Körper. Du kannst mit ihm machen was du willst. Ich rasiere meine Beine trotzdem regelmäßig, weil ich mich damit wohler fühle. Füllt sich einfach super an. Eine andere Freundin rasiert sich sogar die Hände. Das geht mir persönlich zu weit, aber es gefällt ihr so what?

Ich möchte euch gerne ein paar Zeilen aus einem Songtext mitgeben:

You don't have to try so hard
You don't have to give it all away
You just have to get up, get up,
get up, get up
You don't have to change a single
thing
…
Take your make up off
Let your hair down
Take a breath
Look into the mirror, at yourself
Don't you like you?
Cause I like you

Meine kleine Moral ist also, dass es nicht wichtig ist was andere von dir halten, sondern was du von dir hältst. Ändere dich nicht für andere nur weil du denkst, dass sie dich dann mehr mögen. Wenn sie so oberflächlich sind, dann sind sie nicht die richtigen Leute für dich. Im Großen und Ganzen habe ich also gelernt, mir zu gefallen und nicht darüber nachzudenken wer mich mag und wer nicht. Ich habe Dinge über mich herausgefunden, von denen ich dachte das ich sie niemals könnte und ich habe gelernt, dass mich das Handeln anderer nicht zu der Person macht, aber darauf gehe ich nochmal genauer ein.

Achso und wenn ihr Wissen möchtet, wie ich es geschafft habe nicht ständig am Handy zu sein, die neuesten Trends zu verfolgen oder dessinteresse für das Leben der Prominente zu finden, dann schaltet euer Handy öfter mal in den -Bitte nicht stören- Modus. Am Anfang werdet ihr auf das Vibrieren eures Handys warten, es alle 5 Sekunden entsperren und irgendwann ist es euch egal zu wissen, ob Schatzi Tatzi noch nicht gute Nacht geschrieben hat. Ihr werdet trotzdem gut schlafen. Versprochen.

Schule stinkt, oder?

Ich habe ja schon erzählt, dass Lisa kein Freund von mir war, aber am Ende des Kapitels werdet ihr sehen wie viel ich von ihr lernen konnte. Alles angefangen hat es in der dritten Klasse, die habe ich nämlich in der Klasse meines Bruders und gleichzeitig meiner Besten Freundin wiederholt. Die hat mir nämlich so gut gefallen, dass ich sie gleich zweimal machen wollte. Lucky me. Irgendwann wurde ich gehänselt, mir wurden Briefe mit Beleidigungen zugesteckt und mir wurde keine gute Note gegönnt.
Träumen von meiner Karriere als Sängerin damals war auch ziemlich unangemessen. Das die Jungs sich lieber mit mir

unterhielten als mit ihr und ihrer Freundin fand ich zumindest ziemlich amüsant. Dass sie dann mit meinem Bruder zusammenkam, verstehe ich bis heute nicht, aber ich verstehe auch meine erste Beziehung nicht immer, also was weiß ich schon. Jedenfalls fand sie mich so schrecklich, dass sie sogar meine beste Freundin überzeugen konnte, dass meine Mama so dünn ist wie Spargel... muss ich das Verstehen? Diese Nachricht erhielt ich übrigens über einen der vielen Zettel, den sie mir beim Sportunterricht im Wald hingeworfen haben, als ich hinter ihnen Runden gelaufen bin. Irgendwann bin ich zu meinem Sportlehrer gegangen und habe ihm das erzählt und dann kam meine Klassenlehrerin ins Spiel mit der wir dann ein Gespräch hatten. Meine beste Freundin war völlig aufgelöst und hatte wieder Lust mit mir zu spielen. Thank God! Danach ist meine Beste Freundin bei mir geblieben. Zu meinem Bedauern ist sie nach der vierten Klasse auf eine andere Schule gegangen und ich musste mich mit dem Gedanken anfreunden, dass Lisa mir auf meiner neuen Schule und in der selben Klasse Gesellschaft leisten wird. Wenigsten wurde sie von ihrer Freundin getrennt, die ist nämlich aufs Gymnasium gegangen. Leider wurde meine kleine Hoffnung, dass es jetzt anders wird erdrückt, als sie jemanden neuen gefunden hat mit dem sie mich ärgern konnte. Sie und ich sind mittlerweile aber mit die besten

Freunde, wenn ich das so sagen darf und ich bin sehr froh sie zu haben!
In der fünften Klasse habe ich meine Pausen überwiegend mit den Jungs verbracht, weil ich mich super mit denen und meinem Bruder verstanden habe und zwischenzeitlich einfach alle Mädchen doof fand. Allerdings gab es ein Mädchen die ich super fand. Meine beste Freundin Marie. Warum ich sie so toll fand? Ich mach euch mal einen kleinen Steckbrief:

	Marie	Alina
Geburtstag	03.02.2001	03.02.2000
Haustiere	Einen Hund (Lucky), schwarz weiß	Einen Kater (Lucky), schwarz weiß
Hobbys	Singen, Zirkus	Singen, SGW

Ich sage euch, das war Schicksal, pures Schicksal. Wir haben uns wirklich auf anhieb verstanden und haben so viel Zeit miteinander verbracht. Das hätte verboten sein sollen. Klar gab es auch hier und da mal einen Streit und sie hat mehr mit anderen unternommen und ich genauso, aber sie war immer für mich da, hat mir geholfen, Mut gemacht und mich aufgebaut, wenn Lisa einen ihrer Bemerkungen abgelassen hat. Selbst nach der Schule als ich meinen Abschluss hatte, sind wir weiter Freunde geblieben. Doch leider konnte sie nicht verhindern, dass Lisa mich einfach nicht mochte. Es ging so weit, dass sie mehrere Leute auf mich hetzte und sie sich am ersten Schultag der 7. Klasse in der Pausenhalle um mich rumstellten und mich fertig machten. Aber das ist jetzt vorbei. Ich bin immer noch mehr oder weniger geprägt davon, weil ich mir oft Gedanken darüber mache, was andere von mir halten und ich stehe manchmal vor dem Spiegel und mag mich selbst nicht ansehen. Erst vor ein paar Wochen. Einen Tag nach meinem Abschluss der

Ausbildung, gab es eine dieser Situationen, in denen ich nicht mehr konnte. Ich habe bei meiner Mama in meinem alten Zimmer geschlafen, weil sie näher an meiner alten Schule wohnt und zusätzlich an meiner alten Kita, meine Freunde dort wohnen und so weiter. Jedenfalls bin ich aufgestanden, habe mich für die Kita angezogen, stand vor dem Spiegel und am liebsten hätte ich mich aus meinem Körper geschnitten. Ich habe mich angesehen und nur noch geweint. Meine Mama hat mir all ihre Kleidung angeboten und alles versucht, damit ich mich besser fühle, doch ich habe nur mich gesehen und ihr mit Tränen in den Augen gesagt, dass ich aus diesem Körper raus möchte. Ihren Gesichtsausdruck werde ich niemals vergessen. So etwas habe ich zumindest so offensichtlich noch nie gesagt und das, obwohl ich in den letzten 2 Jahren fast 30 Kilo abgenommen habe und meinen Körper endlich akzeptiert und lieben gelernt habe. Doch dann kommt ein schlechter Tag oder auch nur ein Gedanke, der quasi alles zu nichts macht. Letztendlich hatte ich ein Kleid an und bin schlecht gelaunt und mit Tränen in den Augen zur Kita gefahren. Ich musste ja schließlich arbeiten. Ich hatte keine Lust auf den Tag, doch dann bin ich in der Kita angekommen und meine Kinder standen vor mir und haben mich begrüßt. Meine schlechten Gedanken und Gefühle waren weg. Mein Beruf gibt mir so viel!! Wenn ich in der Kita ankomme, ist es zu 99

Prozent so, dass ich Glücklich bin und mich nichts so schnell aus der Bahn werfen kann. Egal, wie der Tag angefangen hat. Der andere Prozent muss dann wirklich schon ein richtiger Scheiß – Tag sein. Das soll nicht heißen, dass meine Mama mich nicht wieder auf gute Gedanken bringen kann, doch an diesem Tag waren es meine Kids. Jetzt bin ich irgendwie etwas abgedriftet... und gleichzeitig werde ich wohl öfter mal auf dieses Thema zurückkommen, weil es viel mit mir gemacht hat und ich viel gelernt habe. Aber um nochmal zu meiner besten Freundin zurückzukommen.... Mittlerweile haben wir keinen Kontakt mehr. Ich schiebe es ungern auf ihre Beziehung, aber es ist ein großer Faktor, weshalb wir den Kontakt verloren haben. Mit ihrem Freund hat sich alles sehr schnell entwickelt und ich wünsche den beiden alles Gute dieser Welt, doch hin und wieder hätte sie ihre Rosa – rote Brille abnehmen sollen. Sie hätte sie auch wieder aufsetzen können, aber einen kleinen Blick um sich herum werfen hätte gereicht und ihre Freunde wären vielleicht noch da, denn ich bin nicht die Einzige, die einen kleinen Riss im Herzen hat, weil sie mehr Augen für ihren Verlobten hat. Damit möchte ich gar nicht sagen, dass es schlimm ist mal mehr Augen für den Partner zu haben. Die Erfahrung macht jeder und viel zu oft verliert man einige Menschen wegen dieser blöden Brille. Ich kenne das und sie ist eine Person, die ichdurch meine fast verloren habe. Meine Beste Freundin hat zusätzlich noch versucht nicht nur die rosa rote Brille zu nehmen, sondern auch meinen Kompletten Freund und das meine ich nicht im negativen Sinne. Sie hat versucht mich zu beschützen, aber ich wollte es nicht sehen. Im Endeffekt hat sie recht gehabt und ich entschuldige mich aufrichtig, dass ich nicht gesehen habe, was falsch gelaufen ist. Doch leider hat sie die Brille nicht abgenommen, egal wie sehr wir es versucht haben. Mit einer Freundin spreche ich manchmal noch über sie und wie schade es ist, aber wir haben beide keine Lust mehr gehabt hinterher zu rennen, also haben wir aufgegeben. Das tut immer noch weh, auch wenn ich es mir oft nicht eingestehe.

50/50

2018 hat mir mein Arzt gesagt: "Die Chancen stehen 50 zu 50. Entweder es entwickelt sich bösartig oder nicht." Im Juli 2021 wurde mir gesagt, dass ich erst in zwei Jahren wieder zur Kontrolle muss, weil es im Moment nichts gibt, was einem Sorgen bereiten könnte. So lange war ich seit meiner Operation 2016 nicht mehr von diesem Krankenhaus fern. Es ist ein komisches Gefühl. Mit 12 Jahren habe ich erfahren, dass ich die unheilbare Darmkrankheit ‚Familiäre Adenomatöse Polyposis' geerbt habe. Eine Krankheit bei der Polypen im Darm wachsen und Probleme bereiten können. In meinem Fall musste mir mit 16 Jahren der Dickdarm komplett entfernt werden, weil er einfach nicht mehr zu retten war. Seit dem macht mein Dünndarm die ganze Arbeit und oft ist er nicht so zufrieden damit. Ein paar Tage nach der OP war er richtig sauer und ich bin meinen Ärzten sehr dankbar, dass ich einen kleinen Minischlauch in meinem Rücken hatte und selber einstellen durfte wie viel Schmerzmittel ich erhalte. Die ersten zwei Jahre war es mir sehr unangenehm, wenn mein Darm sich bemerkbar gemacht hat, denn das hört sich an, als hätte ich drei Tage nichts gegessen. Mittlerweile stehe ich dazu, denn ändern kann ich es sowieso nicht.

Die Jahre nach meiner OP und eigentlich seit klar war, dass ich diese Krankheit habe, musste ich ständig erklären was es ist, warum ich es habe und und

und. Irgendwann hatte ich keine Lust mehr. Mit 18 hatte ich dann ein Magengeschwür, zusammenhängend mit der Krankheit, denn die Polypen haben angefangen sich in meinem Magen und Dünndarm auszubreiten. 2019, dann noch eins. 2020 hatte mein Körper dann keine Lust mehr auf raffinierten Zucker und seit dem ernähre ich mich zuckerfrei (und manchmal auch nicht). Oft ist das ganz schön anstrengend, aber nach einem Jahr habe ich fast gar keine Lust mehr auf Schokolade, Ben and Jerrys oder Gebäck. Das Einzige, dass ich sehr vermisse, ist mein französischer Schokokuchen. Leider stand die Hautumstellung nicht mit auf dem Beipackzettel, aber die kleine Akne Phase habe ich überstanden. Zwischen 2016 und 2021 waren Krankenhausbesuche Standardprogramm, Magen- und Darmspiegelungen waren ein Klacks, außer wenn mein Magen die Klammern nicht wollte. Es geht um meine Gesundheit, also warum soll ich mich beschweren? Ich habe mich tatsächlich meistens gefreut, weil ich wusste, dass coole Ärzte auf mich warten, die mit mir Witze auf den Fluren machen, Schichten tauschen, damit sie mich untersuchen können und mit mir Lachen, wenn ich im Aufwachraum Pfleger an flirte, weil die Narkose noch nachwirkt.

Eine Krankheit ist erst scheiße, wenn ihr sie dazu mac

Ist Prägung ein Ding?

JA! Alles in meinem Leben hat mich geprägt. Angefangen von der Trennung meiner Eltern, als ich drei Jahre alt war. Ich habe keine Erinnerungen an die Zeit, aber ich wollte schon immer, dass meine Eltern wieder zueinander finden. Das Gefühl, wenn meine Mama jemanden kennengelernt hat, fand ich schrecklich! Wie konnte denn ein Mann glauben, er könnte meine Mama einfach so haben? Sie gehört doch zu Papa. Zwischendrin hatte ich auch Phasen, da hatte ich Angst, dass ich auch meine Mama verliere, wie meinen Papa. Denn nach der Trennung sind wir bei Mama geblieben und Papa war weg bzw. nur selten da. Demnach war ich immer ganz sauer, wenn da plötzlich jemand stand, den ich nicht kannte und sich gut mit meiner Mama verstand. Doch weil ich ein zurückhaltender, beobachtender Mensch bin, habe ich damit gelebt und im Nachhinein bin ich mir ziemlich sicher, dass ich der Grund bin, weshalb keine Beziehung gehalten hat. **Sorry Mama!** Nun, ein paar Jahre später zeige ich meiner Mama Männer auf Social Media und versuche sie dazu überreden sich bei Tinder anzumelden. Leider ohne Erfolg...

Warum sich das jetzt geändert hat? Ich kann es nicht genau erklären. Wahrscheinlich habe ich eingesehen, dass auch 18 Jahre nach einer Trennung keine Zukunft meiner Eltern besteht. Und falls ihr euch fragt, warum es mich bei meinem Papa nicht gestört hat, dann liegt das daran, dass ich nicht mit ihm in einem Haushalt gelebt habe und vieles nicht mitbekommen habe oder auch nicht verstanden habe. Er war 10 Jahre in festen Händen, mittlerweile sind sie nur noch Beste Freunde (Ja, das geht offensichtlich), aber mein Gehirn hat das bis ich ein bisschen älter war einfach nicht verstanden. Ich bin halbwegs mit ihren Söhnen aufgewachsen und Bilder von früher machen mittlerweile einfach Sinn. Freunde die sich küssen? Unwahrscheinlich oder? Diese Zeit hat mich sehr geprägt und bevor ich meinen eigenen ersten Schwarm hatte, gegen den ich nichts machen konnte, weil ich zu verliebt war und an den ich mich erinnern

kann, bin ich fest davon ausgegangen, dass ich eine Beziehung gar nicht möchte, weil man sich doch eh Scheiden lässt.
Wozu dann der Aufwand?
Irgendwann war ich schlauer und wusste, dass es auch eine andere Seite gibt. Das beste Beispiel sind die Eltern meiner Cousins, also logischerweise meine Tante und mein Onkel. Ich kann mir nicht mal vorstellen, dass sie irgendwann mal getrennte Wege gehen. Dasselbe denke ich übrigens über meine Schwester und ihren Freund. Kann ich mir einfach nicht vorstellen.
Zurück zu meinem ersten richtigen Schwarm, der mich übrigens auch mochte. Wir waren nur einfach zu blöd etwas daraus zu machen. Diese Person hat mir ohne

Zweifel gezeigt, dass ich toll bin, so wie ich bin und ich könnte ihn heutzutage dafür knutschen! Das hat nicht Mal mein erster (und einziger) Freund geschafft. Ich erinnere mich daran, dass er meine Hand gehalten hat, als wir nachhause gegangen sind. Dabei hat er versucht sein Fahrrad zu schieben. Mir wurde ganz warm und ich war super nervös, dabei war es doch nur meine Hand. Leider habe ich dann meinen Abschluss gemacht und der Kontakt ist abgebrochen. Diese ganze Schwärmerei ging (zumindest meinerseits) fünf Jahre. Mehr als das war es aber wie gesagt nicht. Ich habe ein Mal einen Antrag von ihm bekommen, aber so schön das klingt muss ich euch gleichzeitig sagen, dass es nur gespielt und für einen Musikvideodreh für Musik war.

Tatsächlich wollte ich euch nur sagen, dass ich zwar bedenken hatte, dass jede Liebe und Schwärmerei in einer Scheidung endet, aber ich die Erfahrung gemacht habe, dass es nicht so ist. Ich habe gelernt, dass es Gründe für ein derartiges Ende gibt. Liebe und Menschen sind unterschiedlich. Nichts ist gleich und nur weil meine Eltern sich scheiden lassen haben, heißt das nicht, dass sich jeder Scheiden lässt und auch nicht, dass man sich nicht neu verlieben kann! Meine Zukunft ist also zumindest zu einem Teil gesichert.

Meine erste Liebe

Ich weiß noch nicht genau, wie ich dieses Kapitel nennen soll, aber ich habe schon gefühlte 100 Seiten Text in meinem Kopf verfasst. Vielleicht hat es auch einfach keinen Namen? Dass Chaos in meinem Kopf hat schließlich auch keinen. Einige die diese Seiten irgendwann Mal Lesen und mich kennen schütteln vielleicht den Kopf, reiben sich die Augen oder wissen einfach nicht wohin mit diesen Infos.
Es geht um Liebe, aber bei einer Person bin ich mir nicht ganz sicher, wie genau ich das benennen soll, was ich da gefühlt habe. Es ist schon etwas komisch hier gerade alles Preis zu geben, aber es hilft enorm. Mit 18 Jahren habe

ich jemanden auf einer Party kennengelernt und niemals hätte ich gedacht, dass das nächste Jahr so unglaublich schön und unschön zugleich wird. Ich war schon bei dem Anmachspruch: *"Bist du eigentlich Deutsche?"* , nicht zwingend abgeneigt, aber wer möchte so angesprochen werden? Einen Monat später, haben wir uns durch Zufall in einem Club wieder getroffen und um ehrlich zu sein…ich habe nicht eine Sekunde an ihn gedacht, während dieser Monat vergangen ist. Wir kamen ins Gespräch und weil ich Fahrer war, hat er mir ein nicht – Alkoholisches Getränk nach dem anderen geholt. Ich hab festgestellt, dass er ganz nett ist und ich habe ihm meine Nummer gegeben. Keine Ahnung wie lange später, war ich dann nicht mehr Single und manchmal wünschte ich mir, dass ich dem gutaussehenden jungen Mann in dem selbem Club die Einladung auf ein Getränk nicht abgeschlagen hätte. Vielleicht wäre ich jetzt an einem ganz anderen Punkt in meinem Leben. Ich möchte nicht lügen. Die Beziehung war schön, aber wenn ich mir einige Abende, Tage und Nächte durch den Kopf gehen lasse, dann erschrecke ich mich davor, wie Blind ich war. Als ich das erste Mal gemerkt habe, dass etwas nicht richtig läuft, war ich auf einer Feier von der ich durch eine Wohnsiedlung am Waldgebiet nachhause gelaufen bin, weil wir darüber gestritten haben, dass ich nicht da war, wo er mich hat stehen lassen. Tatsächlich stand ich eine ganze Zeit genau da, doch er ist einfach gegangen, nachdem er Freunde getroffen hat. Wieso soll ich dann stehen bleiben und mich nicht vergnügen? Ich habe den ganzen Abend, 4 Stunden kein kleines bisschen von ihm gesehen. Dann stand er plötzlich hinter mir, als ich an der Bar ein Wasser für ein Mädchen geholt habe, welches die ganze Zeit behauptet hat unserer Mütter würden sich kennen. Nachdem es mir zu Bunt wurde und er nicht verstanden hat, dass ich mir nicht befehlen lasse, was ich tue, habe ich mich von meinen Freunden verabschiedet und bin durch die dunkle Wohnsiedlung nachhause gegangen, habe Freunde getroffen, die entsetzt davon waren, dass ich um halb drei Uhr morgens alleine 5 km nachhause laufe. Mein Betrunkener Freund, kam 30 Minuten später hinter mir hergelaufen und ich habe ihn nachhause gestützt.

Meine zweite super Erfahrung war auf einer **Familienfeier!** Ich war sowieso schon nervös, weil niemand ihn kannte und ich Angst hatte er würde sich betrinken. Ratet gerne mal mit was passiert ist. Mein älterer Cousin und ich haben uns an diesem Abend sehr gut verstanden und einige Zeit auf der Terrasse gestanden und uns über Gott und die Welt unterhalten. Ungefähr gegen 23 Uhr kam mein Freund und hat nach mir geschaut. Ich habe schon gesehen, wie viel er getrunken hat und habe ihn eingeladen an unserem Gespräch teilzunehmen, aber

er hat abgelehnt. Gegen 0 Uhr in der Nacht, haben sich unsere Wege gekreuzt, als ich nach ihm geschaut habe. Er war wütend und hat gesagt er geht nachhause, weil er keine Lust hat meinem Cousin und mir dabei
zuzusehen, wie wir uns Unterhalten und er keine Aufmerksamkeit bekommt. Zugegeben, ich bin davon ausgegangen, dass man sich mit
19 Jahren allein beschäftigen kann, auch wenn man einige Leute noch nicht so lange kennt. Die Erfahrung habe ich auf einer seiner Familienfeiern auch gemacht. Hier allerdings… meine Schuld. Er ist raus gestürmt und ich stand neben meiner Tante und meinem Cousin ein bisschen irritiert. Ich habe gesagt, dass

ich hinterher gehe und wurde begleitet. Schlafend am Busbahnhof lag er auf einer Bank und sobald wir ihn wach hatten, hat er meinem Cousin gedroht, ich habe geweint, wurde von einer Fremden jungen Frau getröstet und ihre Freunde waren kurz davor die Polizei zu rufen, weil ihn keiner beruhigen konnte. Der Auslöser dafür war übrigens, dass nicht ich ihn geweckt habe, sondern mein Cousin. Nachdem er gegen das Häuschen mit Rewe Einkaufswägen geschlagen hat und ich der jungen Frau versichert habe, dass es mir gut geht, habe ich bei meiner Tante geschlafen und er bei mir Zuhause. Muss ich noch mehr sagen?

Zwei Jahre später, am 05.06.2021 stand ich in der

Küche meiner Mama und musste erstmal eine Panik Attacke kontrollieren, bis ich gemerkt habe, dass gar nichts passieren kann, weil ich keinen Freund habe, der mir den 50. Geburtstag meines Papas heute kaputt machen kann.

Es gibt eine Nacht, da bin ich mir nicht ganz sicher, ob ich es erzählen möchte und manchmal möchte ich, dass es sehr realer Traum ist. Vielleicht wird es ja einer, wenn ich ganz fest daran glaube? Schlechte Geschichten haben in dieser Beziehung immer etwas mit Alkohol zu tun und diese Nacht, war Rotwein, der gemeinste Auslöser. Bis wir Zuhause waren und ich seinen Eltern geholfen habe alles rein zu tragen, war alles gut. Ich habe ihn als letztes aus dem Auto geholt, mit ihm Zähne geputzt und ihn in sein Zimmer gebracht. Er konnte kaum noch stehen und nachdem ich mit einer großen Schüssel zurück aus der Küche kam, wollte ich ihm beim Ausziehen helfen. Seit dieser Nacht gehen mir die Worte:,, Ich würde dir niemals weh tun.", nicht mehr aus dem Kopf.

Mehr Mobbing, mehr Erfahrung

Ich hatte großartige Lehrer und man mag es kaum glauben, aber selbst Mathe fand ich toll und ich habe es verstanden. In der zweiten Klasse ist mein Mathelehrer gegangen. Ein großer Mann, der wusste, wie er Unterricht gut macht. Danach habe ich gar nichts mehr verstanden. Man konnte mir eine einfache Rechnung vor die Nase legen und ich wusste nichts. Genau diese Schwäche macht mir bis heute zu schaffen, weil viele Leute nicht verstehen, was es bedeutet Dyskalkulie zu haben. Viele wissen auch gar nicht was es heißt. Dyskalkulie ist das Fachwort für eine Anerkannte Mathe schwäche. Zu vergleichen mit Legasthenie, der Rechtsschreibschwäche. Der einzige Unterschied liegt darin, dass die Legasthenie noch nach dem Abschluss anerkannt wird. Dyskalkulie hingegen nicht Mal in der Grund- oder weiterführenden Schule. Zumindest nicht so, dass man damit etwas anfangen könnte. Ganz schön blöd. Niemand hat verstanden, dass Zahlen in meinem Kopf Chaos auslösen. Ich bin sehr froh, dass ich diverse Pins und meine Telefonnummer auswendig kann.

Bis zur 10ten Klasse wurde ich dafür kritisiert, dass ich das 1x1 nicht vollständig kann. Der Großteil meiner Familie hat mich immer wieder vor Aufgaben gesetzt oder mir Kopfrechnen Aufgaben gestellt und einfach nicht akzeptieren

wollen, dass ich es einfach nicht kann und unter Druck schon Mal gar nicht. Ich hatte Angst davor mit meiner Familie Kniffel zu spielen, weil ich nicht damit zurecht kam die Würfelzahl zu zählen und meine Punkte einzutragen.
Verbessert hat sich das bis heute nicht, aber ich gebe jedes Mal mein bestes. Abgesehen von meiner Mathe schwäche haben andere Kinder immer ein Problem in mir gesehen. Als ich die dritte Klasse wiederholen musste, kam ich in die Klasse meines Bruders und meiner besten Freundin. Meine vorherigen Klassenkameraden haben mich schnell vergessen und auch der Junge, den ich damals toll fand, hat nicht mehr mit mir gesprochen. Allerdings habe ich schnell Anschluss gefunden

bin sogar erneut Klassensprecherin geworden. Relativ schnell hat ein Mädchen angefangen mich zu ärgern und hat so schnell nicht aufgehört. Sie hat ein anderes Mädchen angestiftet mitzumachen und sehr schnell habe ich die Lust daran verloren zur Schule zu gehen. Als meine beste Freundin angefangen hat mich zu ärgern und den anderen beiden zu folgen, habe ich mich mehr und mehr an meinen kleinen Bruder und seine Freunde gehalten. Dadurch habe ich meinen besten Freund gefunden, der auch 2021 mit mir befreundet ist und mit mir Filme im Kino anschaut. Er ist immer da. Als meine beste Freundin wieder mit mir gespielt hat und die anderen beiden trotzdem weiter gemacht haben, waren wenigstens die Jungs für mich da und das hat sich nie mehr geändert. Auf der weiterführenden Schule wurde ich weiterhin Klassensprecherin und jedes Mal mit meinem Bruder in ein Team gewählt. Das Mobbing hat nicht aufgehört, sondern wurde nur stärker. Sie hat mehr Personen auf mich gehetzt und mich bei meinen Turn – und Tanzstunden gefilmt, beschimpft und ausgelacht. Am ersten Tag in der siebten Klasse hat die ganze Pausenhalle dabei zu geschaut, wie ich von mehr als zehn Personen gehänselt wurde. Sie hat mehr Personen angestiftet und ich habe mehr und mehr die Lust an der Schule, Sport und allem anderen verloren. 2013 hat sie sogar einem Familienmitglied

„den Tod gewünscht". Ein Jahr nach dem ich erfahren habe das ich dieselbe unheilbare Krankheit habe. Gruppen mit meinem Namen in denen über mich gelästert wurde und Beschimpfungen ausgetauscht wurden gehörten zur Tagesordnung. Von denen habe ich 'glücklicherweise' erst kurz vor meinem Abschluss erfahren.
Auch von meiner Familie wurde ich öfter mal kritisiert. Zumindest habe ich einige prägnante Erinnerungen. Wenn der Nagellack mal abgesplittert war oder ich gestreift mit gepunktet anhatte. Dazu muss ich sagen, dass ich noch lange nicht Zehn Jahre alt war und ich denke, dann ist es mir erlaubt. Mit 19 Jahren habe ich einen gestreiften dünnen Pullover und eine karierte Hose

angezogen und ganz ehrlich? Das habe ich mit Stolz getragen. Zugegeben musste mich erst eine Freundin darauf aufmerksam machen, bis ich es gemerkt habe, aber ich fand's super und habe mit ihr darüber gelacht. (Zu meiner Verteidigung habe ich an diesem Tag verschlafen)

?

Vielleicht weiß ich am Ende, wie ich dieses Kapitel nenne. Und wenn nicht...bleibt das Fragezeichen, wie in meinem Kopf. Vielleicht nenne ich es: Jungs sind Scheiße? oder Ich hasse alle Männer? Obwohl das nicht stimmt. Ich liebe meinen Bruder und meinen Papa mit vollem Herzen.

Doch ein paar Mal musste ich schon schlucken und habe mich gefragt, wofür eine Beziehung mit einem Mann eigentlich gut ist. Von der Fortpflanzung mal abgesehen. Obwohl ich dafür auch einfach eine Spermaspende von einem der Institutionen entgegennehmen könnte und e voila mein Kind. Ohne Sex und Streits, Missverständnisse und komplizierte Männer, die immer behaupten, dass wir kompliziert sind und dann rumheulen, wenn wir mehr wollen, weil sie uns das Gefühl geben, dass es mehr sein könnte und dann plötzlich zurück schrecken und uns stehen lassen, weil sie doch noch nicht bereit sind oder erstmal Leben wollen oder gerade festgestellt haben, dass sie ja eine schlechte Erfahrung gemacht haben und die irgendwie vergessen haben und ganz plötzlich ist sie wieder da und nichts klappt mehr, weil ja bumm halt.

Männer.
Was ist euer Problem?

Ich gebe euch mal einen Tipp, weil ihr uns ja immer sagt, dass wir wissen müssen, was wir wollen.

Euch mit euren Problemen wollen wir jedenfalls nicht. Viel zu oft habe ich gehört, dass man was Gutes hatte und der nächste Schritt eine Beziehung gewesen wäre, weil einfach alles gepasst hat. Und von heute auf morgen ist es vorbei. Ja, es gibt auch Frauen, die sowas abziehen, aber die Seite kenne ich nun mal nicht und von euch hört man mehr. Deshalb geht meine Beschwerde leider an euch. Und um auch die Frauen unter uns roasten zu können, müsste ich meinen Bisexuellen Arsch erst einmal hochbekommen und auf eine zugehen. (surpise für alle die es nicht wussten, aber irgendwie ist es auch keine große Sache und Männer ziehen mich mehr an, als Frauen)

Jetzt kommt ein kopiertes Kapitel aus einem anderen angefangenen Buch, denn besser als das hier hätte ich es nicht schreiben können und werde ich es niemals schreiben können. Dazu möchte noch anmerken, dass ich dieses Kapitel im Mai diesen Jahres geschrieben habe, nachdem ich endlich einiges verstanden habe:

Ich schiebe meine Schlaflose Nacht auf das Datum, denn letztes Jahr habe ich genauso beschissen geschlafen, bloß lag ich dort in jemandes Armen und die Schlaflosigkeit habe ich darauf geschoben, dass ich nach elf Monaten keine Ahnung mehr hatte, wie man zu zweit in einem Bett schläft. Vielleicht wusste mein Körper auch:

'Alina, das war eine schlechte Idee und es wird nichts werden. Gewöhn dich nicht daran.' Aber warum sind die Nächte danach besser gewesen?

Es ist ein Jahr vergangen und ich habe die Nervosität gespürt, die ich gegenüber ihm zuvor nie gespürt habe. Dabei habe ich ihm nur einen Geburtstagsgruß zukommen lassen, doch bevor ich überhaupt so weit war, habe ich bis 13 Uhr Gedanken darüber gemacht, wie er darauf reagieren würde, bis mir klar geworden ist, dass ich es weiß. Natürlich bedankt er sich und die Worte, die seinen Antwortsatz gebildet haben, die habe ich schon vorher zusammengesetzt. Ganz kurz habe ich mich erschrocken und dachte, dass ich diesen Satz selbst geschrieben habe. Heute

Morgen bin ich aufgewacht und ich bin mir sicher, dass ich zuvor noch nie so eine unglaubliche Leere, Ahnungslosich- und Antriebslosigkeit gespürt habe. Aber warum eigentlich? Ich habe die letzten 12 Monate doch genauso gefühlt wie gestern auch. Obwohl, das ist nicht ganz richtig. Es sind ungefähr 10 Monate und eigentlich auch nur knapp vier, weil ich an meinem Geburtstag den Kontakt endgültig abgebrochen habe. Zwei Tage später hat sich ein komisches Gefühl eingeschlichen, aber ich habe es einfach gelassen. Das war der richtige Schritt. Ich habe an meinem Geburtstag alle möglichen Leute entfernt, von denen ich dachte, sie tun mir nicht gut. Inklusive dieses jungen Mannes und meiner besten Freundin, von der ich dachte sie würde die rosa – Rote Brille doch von der Nase nehmen. Sie hätte sie auch wieder aufsetzen können, aber wenigstens einmal umschauen was schiefgelaufen ist. An meine beste Freundin musste ich tatsächlich nicht denken. Ich habe mich oft mit einer anderen Freundin über sie unterhalten, weil sie ebenfalls ihre Beste Freundin war und wir immer mehr von ihr weggestoßen wurden, als sie mit ihrem Freund zusammengekommen ist. Mittlerweile, seit etwa 2 Monaten ist ihr Name kein einziges Mal gefallen. Es ist schade, wie Menschen aus dem Leben gehen von denen man dachte, dass sie noch etwas länger bleiben. Jetzt, in diesem Moment ist die Leere die ich noch vor ein paar

Minuten gespürt habe, fast weg.

Liegt es an dem Kaffee oder daran, dass ich einfach drauf los geschrieben habe und mir keine Gedanken darüber mache, wer das liest und was diese Personen darüber denken. Das hier ist mein Leben und wenn ich ein Buch über meine Gefühle schreibe, dann ich ein Buch über meine Gefühle. Vielleicht auch darüber was ich erlebt habe und von dem ich glaube, was ich erlebt habe. Eins kann ich euch sagen... Es fühlt sich schön an endlich alles loszuwerden und aufzuhören darüber nachzudenken, was Hannes aus der 1. Klasse über mich denken könnte. Wenn er sich überhaupt daran erinnert, wer seine Wutausbrüche mit einem Kissen abgefangen hat, weil ich als ruhige Person neben ihm sitzen sollte. Keine Sorge, ich habe das Kissen auf den Tisch geworfen und er hat draufgehauen. Lustiger weise schreibe ich ab und zu mit einem alten Klassenkameraden aus der Grundschule. Er hat mich aus dem nichts angeschrieben und wenn der jeweils andere Zeit hat, antworten wir und unterhalten uns ein wenig über alles und nichts. Das ist unter anderem die einzige Männliche Person, mit der ich schreibe, ohne Angst zu haben, dass er mich nach einem treffen fragt. Jetzt fragt ihr euch, warum ich Angst davor habe und wenn nicht erzähle ich es euch trotzdem und wenn ihr es nicht lesen wollt, dann blättert doch einfach ein Spaar Seiten weiter. Ich habe Angst davor nach einem

Treffen gefragt zu werden, weil ich weiß, worauf es möglicherweise hinausläuft. Wenn es gut läuft, dann gibt es ein zweites Treffen, ein drittes und immer so weiter. Doch bei mir kommt es gar nicht so weit, weil ich nach dem ersten Treffen Panik bekomme, mir eine viel zu durchschaubare Ausrede einfallen lasse und alle Kontaktmöglichkeiten sperre. Die ersten Male habe ich mich gefragt, warum ich das mache und buchstäblich meinen Kopf auf den Kopf gestellt. Irgendwann war die Antwort so klar, dass ich weinen wollte.

In meiner ersten Beziehung ist, wie ihr bereits wisst einiges schiefgelaufen. Den Rest gibt's jetzt. Ich war 18 Jahre alt, als ich jemanden kennengelernt habe, der ein Jahr jünger ist

und der mich einfach nicht interessiert hat. Nebenbei war ich das unsicherste Mädchen, dass ich und viele andere kannten. Ich habe es nicht Mal geschafft mir ein Eis zu kaufen, weil ich Angst hatte mit fremden Menschen zu sprechen.
Wir haben uns auf einer Geburtstagsfeier nett unterhalten und das war es. Ich habe keinen Gedanken an ihn verschwendet und mich im Club ungefähr einen Monat später gefragt, woher ich diesen Menschen kenne. Sein Anmachspruch kam mir kurz ind Gedächtnis und ich schüttelte den Kopf. "Bist du eigentlich Deutsche?" Am liebsten hätte ich Nein gesagt, aber wie hätte ich ihm dann vier Monate später erklärt, dass ich doch Deutsche und keine

Brasilianerin oder so bin. Außerdem bin ich eine überwiegend ehrliche Person. Er hat mir den ganzen Abend ein Alkoholfreies Getränk nach dem anderen geholt, nachdem ich ihm erzählt habe, dass ich Fahrer bin und eigentlich gar nicht hier bin, weil ich keine Lust gehabt habe und mein Plan war den Club wieder zu verlassen, nachdem ich meine beiden Freundinnen, die noch nicht 18 waren, reingebracht habe. Das es dann doch ganz nett wird, kann ja keiner wissen. Gegen Ende und einhunderttausend Nein, ich werde nicht Tanzen, weil ich es nicht kann und nicht mag, habe ich ihn und einen anderen Freund inklusive meiner beiden Mädels ein paar Stunden später nachhause gefahren. Als er mich ein paar Tage später angeschrieben hat, habe ich schon wieder vergessen, dass wir Nummern getauscht haben. Wir haben uns noch in derselben Woche zum Schwimmen getroffen und etwas später sind wir offiziell als Paar durch die Straßen gelaufen. Das ich ihm schon Mal über den Weg gelaufen bin, als mein Bruder auf eine andere Schule gewechselt ist und sie in eine Klasse gekommen sind und vorher zusammen Fußball gespielt haben und ich sogar Fotos von ihm gemacht habe, ist mir erst nach der Beziehung aufgefallen.

In dem aller ersten Monat in meiner allerersten Beziehung gab es den allerersten Streit und darauf folgten weitere. Kein Monat ohne Streit. Wir sind oft auf Partys gegangen oder er hat sich mit Freunden getroffen. Ich habe manchmal bei ihm im Zimmer Filme geschaut, etwas auf der Konsole gespielt oder geschlafen, weil er spontan zu Freunden wollte. Ich habe ihn machen lassen. Umgekehrt war es manchmal nicht so einfach. Ich konnte Abende mit meinen Mädels nicht so richtig genießen wie ich wollte. Partys, auf denen wir beide waren, sind auch nicht so schön gewesen. Gerade ist mir wieder der Gedanke eingeschlichen, dass er das Lesen könnte und ich will gar nicht über ihn herziehen, aber manchmal frage ich mich, was er von diesen Nächten noch weiß und ob er sich mal versucht, daran zurückzuerinnern. Ich für meinen Teil hatte oft genug unglaubliche Angst, dass er mich verletzen würde, denn so leid mir diese Aussage tut Mama. Unversehrt bin ich nicht geblieben und viel schlimmer finde ich, dass er es zu 100 Prozent nicht mehr weiß. (Warum es mir meiner Mama gegenüber so leid tut, versteht ihr in einem anderen Kapitel) Manchmal versuche ich mir einzureden, dass es nur ein Traum war und da man sowieso nichts gesehen hat, könnte es gut passen. Aber leider ist es keiner. Die Aussage, dass er mir niemals weh tun würde, ist mit diesem Tag hinfällig geworden. Mir ist bewusst, dass es schlimmere Schicksale gibt und danach ist bis auf viel Streit und eine Nacht in der ausnahmsweise Mal ich betrunken war und keinerlei Erinnerungen daran habe was genau passiert ist, außer, dass ich eine Woche darum gebangt habe, nicht Schwanger zu sein, weil man mit seiner betrunken Freundin nicht schläft, wenn man ganz genau weiß, dass sie die Spirale noch nicht hat und keine Kondome in irgendeiner Nähe sind, nichts mehr passiert. Die letzte schlimme Nacht, war die Abschlussfeier der Abi Klassen von unserem Gymnasium. Der 28. Juni. Ein Tag vor unserem 10.-monatigen. Angefangen hat es eigentlich damit, dass er mir ziemlich deutlich gesagt hat, dass ich gerne mit auf die Feier gehen kann, doch er sich nicht um mich kümmern wird. Daraufhin habe ich meine Freundin angefragt und mich bei ihren Freundinnen eingeklinkt. Ihm hat das gar nicht gepasst und wir haben uns noch vor der Feier gestritten. Dort angekommen haben wir Mädels vorher eine Flasche Champagner geleert, den Flachmann ausgetrunken und dann wurde ich drinnen mehr oder weniger von ihm überfallen und nicht mehr aus den Augen gelassen. Die Aussage, dass er sich nicht um mich kümmern würde, war als wäre sie niemals gesagt worden und sobald ich ihm gesagt habe, dass wir nicht zusammen hier sind und seine Freunde ihn bestimmt schon vermissen, ist er gegangen. Ich habe so viele alte Freunde getroffen, dass ich vor Freude hätte weinen können. Ich hatte meinen Spaß und als wir mal frische Luft brauchten haben wir uns draußen auf die Mauer gesetzt. Die unlesbare Nachricht von meinem Freund ein paar Minuten vorher habe ich einfach so stehen gelassen, weil ich davon ausgegangen bin, dass diese Nachricht nur von jemandem kommen kann, der betrunken ist. Nach einiger Zeit, die wir auf der Mauer saßen und die frische Lust genossen haben, kam er wie aus dem nichts vor mich getreten und griff mir am Hinterkopf in die Haare. Den ersten Satz weiß ich nicht mehr. Als er erneut wieder kam und mir wieder in die Haare griff, zog er meinen Kopf zu sich runter und ich musste mich wirklich zusammenreißen kein Geräusch von mir zu geben, weil es so weh tat. Aber ehrlich gesagt gehe ich immernoch davon aus, dass er dieses Mal durch den Alkohol nicht gemerkt hat, wie weh das tat. Er sagte mir, dass ich nun Single sei, gratulierte mir und riss beim weg ziehen seiner Hand ein paar Haare raus. Ich weiß noch ziemlich genau, wie die Stelle kurz brannte.

Er rief mich ein paar Minuten später an und ich lief zu der Bushaltestelle einige Schritte weiter. Aus seinem Mund kam die Bitte mit ihm nachhause zu gehen. Es sind doch jetzt zehn Monate. Ich ging. Ein Blick auf mein Handy verriet mir den Tag. 29.06.2019. 00:23. Ich weiß nicht, warum ich mich so genau an die Zeit erinnere. Er ist wahrscheinlich sofort gegangen, denn den ganzen Abend kamen seine Freunde zu mir und fragen mich, wo er ist. Der zweiten Person, der ich am selben Abend erzählt habe, dass er sich getrennt hat, war ein Freund von mir. Er hat mir die ehrlichste Umarmung geschenkt, den ganzen Abend nicht aus den Augen gelassen, mich zum Lachen gebracht und darauf geachtet, dass ich nicht einen Gedanken an ihn verschwende. Danke.

So jetzt habe ich einige Zeilen über schlechte Zeiten gesprochen, aber wisst ihr was schön ist? Obwohl ich so schlechte Erfahrungen gemacht habe, habe ich am Valentinstag einen fünf Seiten Brief erhalten, in dem er mir erzählt, wie sehr er mich liebt. Mein Adventskalender bestand aus Liebeserklärungen und schönen Sprüchen, an meinem Geburtstag habe ich Rotz und Wasser geheult als er mir vor allen Leuten eine Liebeserklärung gemacht hat und meine beste Freundin dachte ich weine, weil er mir sonst was an den Kopf wirft.

Natürlich waren auch schöne Momente in der Beziehung, sodass es mir ein bisschen schwerer viel ihm nein zu sagen, als er darauf bestand mich einen Monat nach der Trennung zur Bushaltestelle zu bringen, nachdem wir uns bei einem Open Air Festival getroffen haben, obwohl die Mutter meiner Freundin darauf bestand, dass sie mich nach Hause bringt und es damit endete, dass wir drei Stunden auf einer Bank saßen und uns über alles unterhalten haben, aber nicht über das was schief gelaufen ist. Das Ende vom Lied ist, dass ich bis dato nichts gelernt habe und mit einem Zigarettengeschmack im Mund nachhause gegangen bin, obwohl ich nicht geraucht habe. Kurz danach habe ich eine Standpauke von meiner besten

Freundin bekommen und verstanden, wie dumm das war und nach und nach so einiges begriffen, dass ich vorher einfach nicht gesehen habe.

Die nächsten Monate habe ich mein Single leben so sehr ausgelebt, wie ich konnte. Leider kam mir dann die Sache mit den Ausreden und die Panik nach dem ersten Treffen in die Quere. Jedes Mal, was übrigens nicht oft war, habe ich Panik bekommen und der Auslöser war Alkohol. Ich habe immer noch Angst davor, dass sich jemand so doll betrinkt, dass Situationen entstehen, wie die in meiner ersten Beziehung. Also bleibe ich bei ‚One-Time-Lover', den Begriff finde ich viel schöner als ‚One-Night-Stand'. Ich treffe jemanden auf einer Party, vergnüge mich, gehe niemals übers Rummachen hinaus und tausche keine Nummern aus,damit ich kein zweites Treffen ausmachen muss. Acht Monate lang ist das eine super Erfahrung gewesen. Nach diesen acht Monaten ist dann jemand in mein Leben gekommen, den ich auch über ein Jahr später nicht vergessen kann. Diese Person habe ich über eine App kennengelernt, die einem mehr Kontakte bei Snapchat verschafft. Eine Freundin hat sie mir gezeigt und der Hauptgrund, warum ich sie heruntergeladen habe, ist, dass ich unbedingt Menschen aus Amerika kennenlernen wollte. Das Gute daran ist, dass ich mich niemals mit ihnen treffen muss und ansonsten ist meine Snapchat Karte einfach hübsch gefüllt. Tja hätte ich gewusst, dass ich anfange mit jemandem zu schreiben, der sich mehr und mehr als Perfekt herausstellt (das würde ich nicht sagen, wenn es nicht so wäre) und nicht in Amerika lebt, dann hätte ich mir selbst nicht geglaubt. Diese Person hat mir alle schlechten Erfahrungen, die sich jemals in meinen Kopf geschlichen hatten, weggeschoben und mir tatsächlich, so blöd das klingt Hoffnung gegeben. Ich bin jemand der sehr viel über alles nachdenkt und nicht einfach so durch halb Deutschland fährt, um jemanden zu seinem Geburtstag zu überraschen. Ratet mal was ich trotz einer Pandemie gemacht habe. Zu dem Zeitpunkt haben wir insgesamt vier Monate ausschließlich Snaps verschickt, bis in die Nacht geschrieben und uns ist nicht ein einziges Mal der Gesprächsstoff ausgegangen. Wir hatten ein paar Tage ausgemacht, an denen wir uns treffen wollten und der FlixBus war sogar schon gebucht. Doch dann kam die Pandemie im März. Im Mai fand ich mich plötzlich in einem Zug durch Deutschland wieder. Seine Familie wusste Bescheid und ich muss sagen, dass es so schön war und ich habe mich direkt puddelwohl gefühlt, dass ich echt traurig war, als ich wieder gefahren bin. Tatsächlich wurde ich trotz der Pandemie, wie einige andere, nicht von der Arbeit befreit. Die Notbetreuung in der Kita gab es trotzdem. So traurig, wie ich war, desto mehr freute ich mich auf meine Kids! Auf dem Rückweg habe ich mit der Freundin geschrieben, die mir die App empfohlen hat. Er und ich haben immer noch eine Menge zu erzählen und auch in Person haben wir uns nie nicht unterhalten und wenn es doch mal still war, dann war es nicht unangenehm. Ich habe meine Freunde einige Male sehr damit genervt, wenn mir etwas eingefallen ist worüber wir geredet haben oder wenn einfach das Thema aufkam. Manchmal haben sie mich ausgefragt, wenn es ruhiger wurde. Zu Beginn wollte ich eigentlich keinem davon erzählen, weil ich nicht wollte, dass mir jemand dazwischen funkt und es hat ein kleines bisschen funktioniert, bis jemand gesehen habe, wie ich ihn eingespeichert habe und in der ganzen Klasse erzählt hat, dass ich jemanden kennengelernt habe. Daraufhin

habe ich ihn umbenannt in ein Symbol mit einem kleinen Insider, den nur er und ich kennen. Und das habe ich bei Snapchat und Whatsapp gemacht, damit nie wieder jemand etwas mitbekommt. Das ist wahrscheinlich auch der Grund, weshalb so wenige wissen, wen ich in den letzten zwei Monaten getroffen habe. Ich habe keine Lust darauf im Fokus zu stehen, Fragen zu beantworten und mich über mein Liebesleben zu unterhalten, wenn es niemanden angeht.
Naja, weiter geht's...
Meine Mama hat mich Zuhause ausgefragt und er hat sich laut eigener Aussage auch noch mit seiner Familie über mich unterhalten. Wir haben uns über ein weiteres Treffen unterhalten, hatten Ideen und

von einem Tag auf den anderen war alles ein bisschen anders. Wir kamen auf ein wichtiges Thema und ich konnte im Endeffekt und obwohl ich gesagt habe, dass es schon ok ist, nicht damit umgehen, dass es nichts mit uns wird. Zumindest nicht in naher Zukunft. An meinem Geburtstag habe ich es nicht mehr ausgehalten und ihm noch einen lieben Text geschrieben, ihm mit Ehrlichkeit gesagt, dass ich ihn doch lieber hab, als ich gesagt habe und ihn von meinem Snapchat entfernt. Mein Herz hat einen kleinen Riss erhalten, so dramatisch wie das auch klingen mag, doch diesen jungen Mann habe ich so sehr in mein Herz geschlossen, dass ich mir von Anfang an sicher war, dass es schwer wird ihn zu vergessen. Ich verstehe seinen Grund und bin ihm gar nicht böse, aber dieser Spruch, den ich gelesen habe, geht mir nicht mehr aus dem Kopf.

*I am not mad that you didn't want me.
I'm mad at you because you acted like you did and you made me fall for you so hard.*

Das schlimmste an der dieser ganzen Sache ist auch einfach, dass ich ihn nicht direkt so toll fand, weil er so gut aussieht, dass war nur ein sehr schönes extra, sondern weil sein Charakter, seine Denkweise und all das was nichts mit seinem Aussehen zu tun hat, mich umgehauen hat. Wie gesagt, sein Aussehen, ist nur ein Bonus.

Es ist nicht fair von mir ihm die Schuld zu geben und der Spruch passt auch nicht zu hundert Prozent, weil ich mir nicht sicher bin, dass er mich tatsächlich wollte, aber vielleicht wäre es ein kleines bisschen anders verlaufen, wenn von Anfang an mit offenen Karten gespielt worden wäre. Meine Ängste aus meiner Beziehung haben nie eine Rolle gespielt, weil ich instinktiv wusste, dass ich ihm vertrauen kann und als er mich gefragt hat, was ein No-Go bei Jungs wäre, habe ich ihm gesagt, dass alles in Ordnung ist, solange er sich nicht bei jeder Gelegenheit betrinkt. Das er das weiß hat mir gereicht. Bei ihm habe ich mich nie unsicher gefühlt, als wäre ich nicht genug oder wie in meiner ersten Beziehung, zu dick. Ich wusste, dass ich kein Idealgewicht hatte und dass mir das Frustessen in meiner Schulzeit nichts leichter gemacht hat. Nachdem sich mein Freund getrennt hat, habe ich kaum gegessen, viel Sport gemacht und als mir aufgefallen ist, wie wenig ich gegessen habe einfach Gesund gegessen und statt aus Frust zu essen, aus Frust Sport zu machen. Ihr glaubt gar nicht, wie gut das getan hat. Diesen ganzen Ärger, den mir das Mädchen aus der Grundschule und auf der weiterführenden Schule gegeben hat in Sport zu wandeln und ihr zu zeigen, dass ich eben nicht das dicke Mädchen bin. Ich hätte mir selbst nicht geglaubt, wenn ich gewusst hätte, dass ich 25Kg in einem Jahr abnehme. Noch ein Jahr später und weitere Kilos sind weg. Dafür fühle ich mich richtig wohl und zum ersten Mal in meinem Leben kann ich sagen: "Ich liebe mich und ich liebe meinen Körper." Eigentlich müsste ich ihr und meinem Ex Freund dafür danken. Meinem Papa auch, weil er mir öfter mal gesagt hat, dass ich Dick bin und ob ich es nicht ändern möchte. Danach saß ich meistens in meinem Zimmer und habe geweint oder gegessen. Mit 21 Jahren, 10 Jahren davon geplagt von Mobbing, 10 Monate einer leereichen Beziehung und 1,3 Jahren, von denen ich noch nicht genau weiß, was ich davon habe, schreibe ich ein Buch und hoffe, dass ich mit einem neuen Blickwinkel auf all das schauen kann. Wenn ich der Person, die ich treffe, vielleicht nicht direkt (in meinem Kopf) vorwerfe, sie wäre ein Alkoholiker oder jemand der mich nur wegen meines Aussehens nicht leiden kann, dann kann ich mich vielleicht auf jemanden einlassen. Zunächst muss ich mich dafür allerdings trauen jemanden anzuschauen und nicht mit gesenktem Kopf durch die Straßen zu laufen und zu hoffen, dass mich keiner sieht. Meine Freunde waren übrigens keine große Hilfe dabei. Ich liebe sie alle, besonders Celine und Eileen, doch zu oft habe ich das Gefühl gehabt, dass ich mit niemandem über all diese Sachen sprechen kann. Bei einer Person bereue ich sogar ihr davon erzählt zu haben. Zwischenzeitlich habe ich mir neue Freunde gewünscht und mich wie ein kleines Kind gefreut, als meine Schwester und ich die Zusage für eine Wohnung in Lübeck bekommen haben und ich die Möglichkeit hatte aus dieser blöden Stadt mit all diesen Erinnerungen rauszukommen. Bis auf meine Familie und Freunde hält mich dort leider gar nichts mehr. Ist das nicht traurig? Über eine Freundin habe ich in meinem Blog geschrieben. Ich bereue es ihr Dinge erzählt zu haben, mit denen sie mich jetzt aufzieht und es fühlt sich ein kleines bisschen wie Mobbing an. Es ist nicht schön und ich wünsche mir, dass sie mich damit einfach in Ruhe lässt. Mir ist sogar erst vor ca. zwei Wochen aufgefallen, dass ich aufgehört habe ihr banale Dinge zu erzählen und sie später darauf anspreche, obwohl sie gar nicht weiß wovon ich rede. Manchmal frage ich mich, wer sich überlegt hat mir solche Steine an mein Bein zu binden. Ich schaffe es jedes Mal, aber ich wüsste gerne warum. Es gab eine Zeit, die gar nicht Mal so lange her ist und in dieser Zeit, ungefähr drei Wochen hat es angehalten, da wollte ich einfach nicht mehr. Mir ist alles zu viel geworden und am liebsten hätte ich alles hingeschmissen. Ich habe mich selbst gefragt, wie mir das passieren konnte und wurde den Gedanken nicht los einen Therapeuten aufzusuchen, um mit diesem Gefühl klar zu kommen, dass ich mir einfach nicht genug bin. Doch dann ging es mir wieder besser und ich habe es nicht gemacht. Ich habe mich noch nicht einmal darüber informiert, obwohl ich es jemandem versprochen habe. Dann kam der Gedanke wieder auf und kurz darauf war er wieder weg.

Die Aussage, dass ich mich weniger für die Meinung anderer, für das was ich mache interessiere ist kompletter Bullshit. Ich tue es nach wie vor. Allerdings habe ich gelernt, *dass ich mich für die Meinung anderer interessieren kann, aber sie nicht entscheiden*

lassen soll, was sie mit mir macht.
Dieser Satz ist von einem Psychologen und ich bin so dankbar dafür.

Und jetzt zu dem Mann, der mich hätte haben können, doch der mich hat fallen lassen, weil er mir nicht von Anfang an gesagt hat, was für ein Problem er hat. Ungefähr ein Jahr hatten wir Kontakt. Ungefähr 7 Monate davon habe ich das Gefühl vermittelt bekommen, dass es funktionieren kann. Nachdem ich alles darein gesteckt habe, hat ein Satz etwas bei mir ausgelöst, dass mir das Daten fast unmöglich macht und das ist nicht seine Schuld. Er ist nur ein sehr großer Faktor. Nachdem ich 7 Monate sehr glücklich war und Kontakt mit einem jungen Mann hatte, den ich sogar zu seinem Geburtstag überrascht habe, obwohl ich allesdoppelt überdenke, habe ich den Satz: *"Tut mir leid, aber ich habe mit etwas noch nicht abgeschlossen und es wäre unfair, wenn ich dich nicht so behandelt könnte, wie ich es gerne würde."*, sehr schlecht aufgenommen habe, weil ich erst nach ein paar Monaten erfahren habe, dass es für ihn noch eine so große Rolle spielt. Ich frage mich auch ein Jahr später noch, warum nicht von Anfang mit offenen Karten gespielt wurde, denn es hätte durchaus anders verlaufen können. Mittlerweile komme ich gut damit klar, doch ich habe lange damit gekämpft, dass nichts daraus wird. Ich habe immer wieder gesagt, dass es mich nicht stört, aber das war im Endeffekt gelogen, weil es einen natürlich verletzt und beschäftigt, wenn du jemanden in dein Herz schließt und am Ende fallen gelassen wirst. Schlimmer noch, wenn es mehr oder weniger bewusst passiert, denn er kann mir nicht sagen, dass es ihm einfach so wieder eingefallen ist. Man sollte von Anfang an davon erzählen, wenn es noch relevant ist. Ich brauchte ihm nicht davon erzählen, dass meine erste Beziehung bei mir kleine Risse hinterlassen hat und ich Angst habe, dass ich nochmal auf so jemanden treffe, weil ich mir bei ihm zu 100 Prozent sicher war, dass er so jemand nicht ist. Das er auf eine andere Art und Weise verletzend sein kann, kam mir einfach nicht in den Sinn. Das schlimmste ist, dass ich jetzt immer darüber nachdenke, was der nächste

Mann, den ich kennenlerne, falsch machen könnte, sodass ich wieder mit Herzschmerz klarkommen muss. Mit so einem Gedanken möchte ich nicht an neue Menschen ran gehen. Das ist so unglaublich schlecht, aber ich kann es nicht abstellen. Egal was ich mache. Erst vor kurzem habe ich überlegt einfach eine lockere Sache mit jemandem einzugehen, weil ich weiß, dass ich mir keine großen Gedanken machen muss, denn wir sind kein Paar. Dann habe ich einer Freundin davon erzählt und es gab kein drittes Treffen mehr, weil sie mir eine Standpauke gehalten hat, dass ich so kalt gegenüber Menschen geworden bin, dass es traurig ist mit anzusehen, wie ich versuche jedem Menschen aus dem Weg zu gehen, damit ich irgendeine Art von Schmerz vorbeugen kann. Das Problem an der ganzen Sache ist, dass sie Recht hat. Ich bin niemand der einfach so jemanden kennenlernt und sich entscheidet, dass ich keine feste Beziehung möchte, denn das ist auch einfach eines meiner Ziele in meinem Leben. Ich möchte eine Familie, Kinder, ein schönes Haus und einen Partner der mich liebt und den ich am liebsten bis in die Unendlichkeit an meiner Seite habe. Also habe ich ihm nicht mehr geschrieben, obwohl er echt ein toller junger Mann ist. Doch im Endeffekt lege ich mir ja nur selber Steine in den Weg. Das ich dieses ‚kalte' gehabe öfter gemacht habe, ist mir übrigens selbst nicht aufgefallen. Erst im Nachhinein, als ich darüber nachgedacht habe und mir ein paar Situationen eingefallen sind. Blöderweise mache ich das nicht nur mit dem anderen Geschlecht. Natürlich kann ich nicht die ganze Schuld auf die anderen Menschen in meinem Leben schieben, denn manchmal muss man selbst etwas dafür tun, dass einige Dinge wieder funktionieren, also date ich, aber mache mich damit nicht kaputt, doch ich versuche mich mit dem Gedanken und der Situation anzufreunden und tatsächlich schreibe ich gerade mit jemandem und meine Panik mich mit dieser Person zu treffen ist enorm Groß und ich habe mindestens 100 Nachrichten verfasst in denen ich ihm sage, dass ich leider absagen muss, habe mir Ausreden aus der Nase gezogen und jede Möglichkeit gesucht um mich nicht mit ihm treffen zu müssen. Nicht weil ich ihn nicht sympathisch finde, sondern weil ich Angst habe ihn zu sehr zu mögen und dann auf die Nase zu fallen. Es macht mich wahnsinnig. Heute ist dafür wieder ein guter Tag und ich freue mich darauf, aber gestern hatte ich eine Panikattacke nach der anderen. Einen Abend habe ich geweint, weil es mir so sehr weh getan hat, dass ich mir so viele Gedanken mache, so schnell Panik bekomme und etwas beende, bevor es etwas werden kann und so viel mit mir herumschleppe, dass ich am liebsten eine Löschtaste drücken möchte.

Ca eine Woche später hat sich das Thema treffen übrigens erledigt, weil ich zu blöd bin eine Konversation aufrecht zu erhalten. Das passiert mir leider viel zu häufig.

Manchmal trifft man die richtige Person zur falschen Zeit. Manchmal kommt sie wieder und manchmal eben nicht.
Dieser Satz erinnert mich immer an etwas das meine Mama zu mir gesagt hat, als sich die Wege meiner besten Freundin und mir getrennt haben:

"Das Leben ist wie eine Zug reise. Menschen steigen ein und bleiben viele Stationen und manchmal bis zum Ende und einige steigen ein und an der nächsten Station wieder aus.

F.r.i.e.n.d.s

Tatsächlich meine ich nicht die Serie... obwohl die auch super ist!!! Ich spreche von meinen Freunden. Menschen, die ich schon ewig habe, wie meinen besten Freund, den ich 2009 kennengelernt habe und der mir nicht mehr von der Seite gewichen ist, mit mir ins Kino geht und Motorrad fährt. Menschen, die ich erst seit 2019 kenne, aber unter denen sich zwei Personen befinden, die ich nie mehr gehen lasse. Eileen habe ich schon 2018 kennengelernt und ehrlich gesagt dachte ich immer, dass sie arrogant ist und Laut, aber sie ist eine der wertvollsten Freundinnen von mir. (Sie dachte übrigens ähnliches von mir) Seit wir uns richtig kennen telefonieren wir über Face time fast täglich und ich kann ihr alles erzählen! Die andere Person, Celine liebe ich mit meinem ganzen Herzen, weil sie immer ein Lachen ins Gesicht zaubert, ihre Familie mir Kartenspiele beibringt (oder es zumindest versucht..) und ich weiß, dass ich bei ihr Klingeln könnte und mich jeder rein lassen würde, obwohl sie selbst nicht Zuhause ist. Es könnte uns sogar passieren, dass wir uns, ohne es zu wissen das selbe Tattoo stechen lassen. Eine weitere Person, mit der ich mich seit fast 2 Jahren überwiegend über Snapchat austausche, froh bin, dass sie mir so viel erzählt und mich einen Keks freue, wenn mein Handy im Sekundentakt aufblinkt und ich weiß, dass sie mir geantwortet hat und dann eine Person, von der ich zugeben muss, dass ich sie vermisse, aber mir nicht vorstellen kann mit ihr erneut einen Versuch zu starten. Gerade erst habe ich Memories bei Snapchat gesehen, denn vor drei Jahren waren wir zusammen auf Fehmarn und haben Urlaub gemacht. Ich liebe meine Freunde und ich möchte sie erst dann tauschen, wenn sie anfangen scheiße zu bauen, aber bei meiner kleinen Truppe kann ich mir nicht vorstellen, dass das jemals passieren wird. Es gibt noch eine ganz besondere Person, die ich nur mit dem Flixbus oder der Bahn erreiche, weil sie einfach so weit weg wohnt. Wir schreiben fast jeden Tag und wenn ich jemandem etwas erzählen möchte, weiß ich, dass ich bei ihr an der richtigen

Adresse bin. Es ist verrückt, wie viele Interessen Menschen teilen können! Sie ist übrigens die einzige Freundin, die von diesem Buch weiß und bis auf meine Schwester weiß sonst kein anderer Bescheid. Manche Dinge behält man einfach für sich. Früher habe ich mir immer ganz viele Freunde gewünscht, doch meine kleine Auswahl an wertvollen Freunden ist mir viel lieber.

Ein hoch auf meine Familie

Wie definiert man eigentlich Familie? Definiert man sie überhaupt? Wer ist Familie für euch? Denkt mal darüber nach….
Meine Familie ist ziemlich groß und es liegt daran, dass wir viel Patchwork sind. Meine große Schwester ist nämlich meine Halbschwester, obwohl es sich nicht so anfühlt und ich erzähle von ihr auch nicht, als meine Halbschwester, deshalb ist es auch komisch es hier zu schreiben. Nur einmal, als ich richtig sauer auf sie war, habe ich sie angeschaut und ihr gesagt, dass sie ja gar nicht meine richtige Schwester ist. Bis heute tut mir das unendlich

leid, denn ich liebe sie von ganzem Herzen. Wir haben uns früher lange ein Zimmer geteilt und manchmal war das gar nicht so einfach, aber das war es mit meinem Bruder auch nicht immer. Ich denke, dass ist mit niemandem wirklich ein Segen, weil jeder Mensch logischerweise unterschiedlich ist. Irgendwann mit 10 oder 11 Jahren hatte ich mein eigenes Zimmer und habe es nie wieder hergegeben. Manchmal hätte ich es gerne meiner Mama gegeben, denn sie hat bis zum Auszug meiner Schwester und dann erst wieder zum Auszug meines Bruders im Wohnzimmer geschlafen und das war nicht nur für sie schwierig. Ich hätte gerne mal im Lotto gewonnen und ein großes Haus mit einem riesigen Garten gekauft, um ihr etwas

Gutes zu tun. Jetzt wo wir alle ausgezogen sind und ich offensichtlich nicht im Lotto gewonnen habe, hat sie den riesigen Garten und ihre Wohnung für sich allein. (Abgesehen von meinem Papa, der seine Zeit allerdings eher am PC verbringt und Sendungen wie Bares für Rares oder Auf Streife schaut) Jetzt fragt ihr euch... deine Eltern sind doch geschieden, wieso leben sie im selben Haus? Das Haus hat zwei Wohnungen. Meine Mama lebt in der einen und mein Papa in der anderen und bisher kommen sie, solange mein Papa keine Freundin mit nach Hause bringt und alles für sich beansprucht, gut klar.

Also meine Familie ist schon eine Crazy Sache. Nach drei Jahren hat mein Bruder endlich einen Ausbildungsplatz und ich verurteile ihn nicht dafür, dass es etwas länger gedauert hat, denn ich hatte auch einen kleinen Hänger, nachdem ich mein Freiwilliges Soziales Jahr abgebrochen habe, weil ich mich weder unter den Augen meiner Anleiterin noch unter den Augen der Springerkraft wohlgefühlt habe. Dann war ich eingeschüchtert, weil ich dachte jeder Mensch mobbt mich und 2019 habe ich dann meine Ausbildung angefangen. Manchmal braucht man einfach Zeit und solange man nicht auf der faulen Haut rumsitzt, sollte keiner was sagen können. Ich bin stolz auf dich! Mit dem Rest meiner Familie teile ich nicht so viele Momente, aber das liegt einfach daran, dass wir uns auf Familienfeiern, wie zum Beispiel Geburtstagfeiern sehen und uns dann austauschen. Die einen Familien so und die anderen Familien so. Ich liebe meinen kleinen Kreis und dazu gehört auch die beste Freundin meines Papas! Ich weiß, dass du dich freust, wenn du das hier liest! Aber das ist nicht der Grund, warum ich es aufschreibe. Der Grund ist, dass ich dich erwähnen möchte, weil du dazu gehörst und wir schöne Erinnerungen teilen. Du bist schon so lange ein Teil von mir und auch allen anderen, auch wenn du da unsicher bist und dich manchmal fehl am Platz fühlst. Das bist du nicht! Weshalb bist du sonst bei den Geburtstagen dabei? Bestimmt nicht, weil ich dich einladen **muss**, sondern weil ich dich dabei **möchte**. Weil ich dich von ganzem

Herzen lieb habe! Gestern erst habe ich ein Video angeschaut und habe kleine Tränen kullern lassen, denn ich musste an meinen Opa denken. Seit er verstorben ist, war ich jedes Jahr zu Besuch an seinem Grab. Als ich das erste Mal dort stand, war ich etwas verwirrt, weil ich mir sehr sicher war, dass das Blatt auf dem sein Name steht an einer anderen Stelle platziert werden sollte, aber mir kam auch der Weg zu seinem Urnenplatz viel länger vor, also generell ist der Tag ein kleines bisschen verschwommen. Jedenfalls musste ich an ihn denken, denn auch er hat uns ein kleines bisschen Patchwork beschert. Meine Mama
wurde nämlich von ihm adoptiert, nachdem mein anderer Opa nach Brasilien

abgehauen ist, dementsprechend haben wir dort auch noch Familie. Sehr verrückt.

Also eigentlich ist meine Familie ziemlich Groß, aber nur dieser kleine Teil Familie mit dem ich aufgewachsen bin. Meine Mama, Lena, Henni und ich. Diese drei Personen sind mein Heiligtum. Entschuldige an die Personen, die sich gegen den Kopf gestoßen fühlen, aber niemand hat erlebt was wir erlebt haben und niemand wird jemals nachvollziehen können was es heißt mit Essensmarken im Einkaufsladen zu stehen und nur das nötigste zu bekommen. Keiner wird den Schmerz vergessen, die eigene Mama zu sehen, wie sie versucht alles im Zaum zu halten, obwohl es ihr eigentlich am dreckigsten geht. Niemand wird diesen Zusammenhalt verstehen können den meine Geschwister, meine Mama und ich haben, weil ihr nicht wisst, wie es ist in einer Wohnung zu wohnen in der kein Platz für vier Personen ist und in der trotzdem welche gewohnt haben. Auf der anderen Seite werdet ihr auch nicht verstehen, wie doll sich ein Kind freuen kann, wenn es ein Fahrrad geschenkt bekommt, obwohl das Geld dafür eigentlich zu knapp ist. Ich erinnere mich ganz genau, wie es mir viel zu groß war und ich nicht Mal mit den Zehenspitzen auf dem Boden ankam und trotzdem habe ich es jedes Mal stolz auf den Hof geschoben, irgendwie geschafft aufzusteigen und beim Absteigen riskiert mir alles zu brechen, nur damit meine Mama sehen kann wie stolz ich auf das Fahrrad bin und wie dankbar ich bin. Bis heute möchte ich keine teuren Geschenke. Ich freue mich, wenn meine Familie da ist und mit mir Kuchen isst. Ich habe früh gelernt, dass es wichtigere Dinge im Leben gibt, als teure Geschenke und ich war immer erstaunt, wenn ein Kind in meiner Klasse vom Osterhasen große Barbiehäuser bekommen hat, obwohl es doch eigentlich nur Schokolade gibt oder mit Glück ein tolles Buch. Umso stolzer bin ich, dass dieser Lebensabschnitt relativ kurz war.

Love u endless Mama!

Meinem Papa bin ich unendlich dankbar dafür, so schöne Urlaube erleben zu dürfen! Ich weiß noch ganz genau, als wir 2013 sehr spontan nach Mallorca geflogen sind. Henni und ich wussten gar nicht wohin mit uns und innerhalb von zwei Wochen ging es los! Ich war so aufgeregt, dass ich neben meinem kleinen Bruder im Bett lag und die ganze Nacht **und** den ganzen Flug kein einziges Auge zu gemacht habe, bis ich ganz müde am Pool lag, mein Papa mir Sonnencreme auf meine Beine und Arme geschmiert hat, einen Schirm aufgespannt hat und aufgepasst hat, dass ich keinen Sonnenstich bekomme und ich den Urlaub genossen habe. Aber auch die Fahrradtouren zum Beispiel nach Hamburg waren einfach ein tolles Erlebnis. Das sind die kleinen Augenblicke mit dir Papa, die ich liebe! Ich weiß, dass es manchmal schwierig war und wir nicht bei dir schlafen wollten. Den Grund weiß ich nicht, aber umso schöner finde ich, dass wir uns alle immer bemüht haben und letztendlich sind die Autorennspiele am PC im Keller eine schöne Erinnerung für die Ewigkeit! Außerdem trete ich ein kleines bisschen in die Fußstapfen meines Papa, denn sein Buch ist schon seit 2020 draußen. (Sucht mal nach Traumpartner von Mirko Strehlow... kleiner Geheimtipp)

Also wie ihr seht, ist meine kleine Familie das wichtigste auf der ganzen Welt. Niemand nimmt mir das jemals. Ich liebe meine **ganze** Familie, nur diesen kleinen Teil etwas mehr.

Alles Roger?

Ganz lange habe ich überlegt, ob ich diesen Teil in mein Buch nehmen möchte. Ob ich einen Mann erwähnen möchte, der mir bis heute einfach nur unendlich leidtut, weil er so eklig und schrecklich ist. Ein Mann, an den ich bis heute unfreiwillig denke, weil er den Nerv besessen hat uns Kinder in Angst und Schrecken zu versetzten, weil er kein Zuhause hatte und um Einlass an unserer Tür geben hat. Er hat uns keine andere Wahl gelassen, als mehrfach in einigen Jahren die Polizei zu rufen, weil er einfach nicht verstanden hat, dass man mit Gewalt und Alkoholkonsum in keine Familie gehört. Ich war so froh, als ich keine Angst mehr haben musste, dass ich mich nochmal mit meiner großen Schwester und meiner Mama in einem Zimmer verschanzen muss, weil er unseren Balkon verwüstet hat und die ganzen Nachbarn hören konnten, wie er uns anschrie, denn 2012 ist er gegangen und ich musste ihn nie wieder sehen. Er hatte auch gute Seiten, die hat jeder. Zum Beispiel hat er sich an Weihnachten als Weihnachtsmann verkleidet oder ist zu mir gekommen, wenn ich nicht schlafen konnte und eine Nacht haben wir Boxen geschaut. Doch auch bei diesem Mann sind die unschönen Seiten in meinem Gedächtnis geblieben. Bis heute habe ich Angst durch Milchglas an Türen oder Fenstern zu schauen, weil es mich an ihn erinnert, wie er sein

Gesicht an die Scheibe drückt und um Einlass gebeten hat. Zu oft stand die Polizei vor unserer Tür, um uns Sicherheit zu bieten. Ich kann nicht für meine Mama und meine Geschwister sprechen, aber ich würde mich nicht sicher fühlen, wenn ich ihm mal begegnen würde. Punks, Menschen mit Nieten, Irokesen schnitt und Springerstiefeln sind mir erst einmal unheimlich. Ganz oft hat er mich dafür kritisiert, dass ich gerne singe, ob gut oder schlecht sei mal dahingestellt. Er hat es oft geschafft, dass ich eingeschüchtert war und es gelassen habe. Ich habe dem Mann noch lange nicht vergeben, nachdem er 2012 endlich gegangen ist. Bis dahin war es ein langer Weg mit Streit, Alkohol, Verfügungen und Gewalt, aber ich danke dem Mann, denn meine Mama hat es stark gemacht und ich bin stolz auf sie und bewundere sie. Ich möchte gar nicht mehr schreiben, obwohl ich könnte, aber so viele Worte in diesem Buch hat er gar nicht verdient. Ich danke ihm, weil man aus allem lernt, aber ich hasse ihn bis in alle Ewigkeit.

Die große weite Welt

Mit 21 Jahren bin ich nach Lübeck gezogen. Von einer Kleinstadt in eine Großstadt. Das wollte ich schon immer! Viele Leute verstehen das nicht, aber wenn ihr all diese Kapitel, Sätze und vielleicht auch den ein oder anderen Seufzer in diesem Buch mitbekommen habt, dann würdet ihr auch nicht in einem kleinen Ort wohnen bleiben wollen, in dem
eure lieblingsttrainer nach Berlin ziehen, neue kommen und euch fertig machen, weil ihr nicht so beweglich seid, wie die anderen. Dann wollt ihr raus, weil euch in der Grundschule gezeigt wurde, dass Menschen scheiße sind und das auch die Erwachsenen, die mit Kindern

arbeiten nicht immer das beste Vorbild sind. In einer kleinen Stadt, wie die in der ich aufgewachsen bin, wünsche ich euch viel Glück und nerven, denn irgendwie kennt jeder jeden. Alle haben eine Meinung zu dir und wollen ja eigentlich nur das Beste für dich, aber ob dir das überhaupt gefällt, ist ja nicht deren Problem. Für mich ist meine Heimat kein Zuhause und das habe ich festgestellt, als ich neun Jahre alt war. Ich habe mit meiner Schwester in unserem neuen Wohnzimmer getanzt, bevor wir alle Kartons und Möbel in den vierten Stock getragen haben. Vier Monate später könnte ich dasselbe nochmal machen, denn ich schaue sie an, wie sie im Büro (so nennenwir die kleine Nische in unserem Wohnzimmer) sitzt, dass Fenster geöffnet hat und ihren Uni kram macht. Ich könnte Tanzen, weil ich endlich gelernt habe, dass es nicht schlimm ist allein zu sein, denn das hat mir seit ich hier wohne ganz schön viel Kopfschmerz verursacht. Ich könnte Tanzen, weil ich mit meiner Schwester zusammenwohne, wir uns über alles austauschen können, kochen, malen, puzzeln und uns gemeinsam über diversen Storys aus meiner Kita, Babysitterjob oder ihrer Uni amüsieren. Ich bin glücklich in Lübeck, auch wenn das viele viele Menschen nicht nachvollziehen können und mir oft genug sagen, wie blöd sie es finden, dass ich so weit wegziehen musste. Doch hinterfragt hat es nie jemand. Innerhalb von vier Monaten habe ich mich in den Strand verliebt, weil mir das Meer Kraft gibt. Ich fahre dort hin, wenn es mir schlecht geht und ich den Kopf frei bekommen muss. Vorher habe ich mich in meinem Zimmer zurückgezogen. Jetzt gehe ich an den Strand. Was gibt es Schöneres? Es sind erst vier Monate, aber ich glaube nicht, dass ich in naher Zukunft Lübeck verlassen werde. Eher werde ich noch näher an den Strand ziehen.

Und jetzt bin ich euch noch eine Antwort schuldig. Also was genau habe ich von Lisa und all den anderen Menschen gelernt, die mir ein paar Steine in den Weg gelegt haben?
Ich habe gelernt, dass ich mir am wichtigsten sein sollte und das ich von den Steinen vor mir eine Menge lernen kann. Einige habe ich eingesteckt und trage sie in meinen Taschen um mich selbst zu erinnern, dass sie Vergangenheit sind und dann lege ich sie einige Zeit später hinter mich und gehe weiter. Lisa ist ein riesengroßer Stein und auch mein Ex Freund ist ein Stein, der manchmal vor meine Füße rollt, dann hebe ich ihn kurz auf, schaue ihn mir an und steige mit Stolz drüber hinweg.

Das hier ist auf der einen Seite ein ziemlich trauriges Buch, weil es so viele negative Erfahrungen enthält, aber wenn ich all das gute hinzufügen würde, dann wäre ich noch lange nicht fertig. Ich könnte euch natürlich davon erzählen, dass ich die kleinen Augenblicke liebe, wenn ich meine Eltern sehe, wie sie gemeinsame Sache machen und es früher fast unmöglich gewesen wäre die beiden in einen Raum zu stellen. Ich grinse bis zu meinen Ohren, wenn ich sehe, wie glücklich mein Bruder ist jemanden wirklich so großartigen an seiner Seite zu haben und wie unglaublich Stolz ich auf meine Schwester bin und hier muss ich nicht Mal erwähnen aus welchem Grund. Ich bin so froh hier an diesem Punkt in

meinem Leben zu sein. Ohne diese ersten schrecklichen Seiten des Buches, würde ich jetzt hier nicht sein.
Und bevor, dass hier jetzt zu sentimental wird.

… das wars. Innerhalb von fünf Monaten habe ich alles aufgeschrieben, was mir Kopfschmerzen bereitet hat und mich irgendwie ein bisschen selbst therapiert. Es hat mir schon immer geholfen etwas aufzuschreiben und im Schreiben war ich schon immer besser als im Reden, deshalb freue ich mich so sehr, dass ihr das hier bald lesen könnt. Ein bisschen bammel habe ich schon. Aber ich habe auch Angst vor Bienen und ich verscheuche sie trotzdem, wenn sie Kindern in der Kita beim spielen stören.

Danke, dass ihr bis hier hin gelesen habt! Vielleicht habt ihr euch ein bisschen amüsiert, erschreckt, gelacht oder ihr denkt euch immer noch, wie unnötig es von mir ist, dass ich so ein Buch veröffentlicht habe. Es ist mir ganz egal. Mir persönlich gefällt es immer, wenn ich Geschichten von anderen Menschen höre und erfahre, was sie so erlebt haben.
Auf diese Weise lernt man eine Menge neues. Vielleicht schreibe ich in 21 Jahren nochmal ein Buch. Mal sehen, was bis dahin alles passiert ist.

Achso und warum heißt mein Buch eigentlich: *Liebe lieber dich*? Mir ist es wichtig auf mich zu hören, mir zu gefallen und einen pieps darauf zu geben, was andere von mir denken.

Das heißt nicht, dass ich nicht trotzdem über die Meinungen anderer nachdenke, aber ich versuche sie in den Hintergrund zu schieben. Also liebe ich lieber mich und schaue
was für mich am besten ist. Ob der Titel im Endeffekt zum Inhalt des Buches passt... vielleicht ein bisschen, denn sehr genau gehe ich nicht drauf ein, aber der Name gefällt mir und er gibt mir eine kleine Message, an die ich mich öfter mal erinnern werde.

Und ganz zum Schluss möchte ich euch noch eine Sache sagen, weil ich in meinem Kopf schon hören kann, wie Leute sich ärgern, dass ich hier in meinem Buch über Leute schreibe und selbst nichtannehme, dass ich nicht ganz unschuldig bin.

Das stimmt nicht. Ich weiß, dass ich auch nicht perfekt bin und die ein oder andere Sache provoziert habe. Zum Beispiel ist es nicht zwingend schlau nach einem Streit direkt abzuhauen und ich kann sehr temperamentvoll sein. Meine Gefühle und Emotionen gehen gerne mal mit mir durch. Das ist mir bekannt.

Es hat mir schon einige komische und unangenehme Situationen beschert, aber wie immer lerne ich draus. Ich weiß, wie ich ticke und manchmal handle ich zu schnell, gerade wenn ich mich ärgere oder traurig bin.
Mir ist bewusst, dass ich manchmal erst tief durchatmen sollte und dann rede sollte.

Und hiermit verabschiede ich mich.

www.ingramcontent.com/pod-product-compliance
Lightning Source LLC
LaVergne TN
LVHW012024060526
838201LV00061B/4446